PRINCIPES SOCIAUX

DE

L'ORDRE NATUREL

par

H. Follin

aux éditions "LIBER"

MAISON INDIVIDUALISTE

69 RUE du FAUBOURG St MARTIN 69

PARIS

PRINCIPES
SOCIAUX

DE

L'Ordre naturel

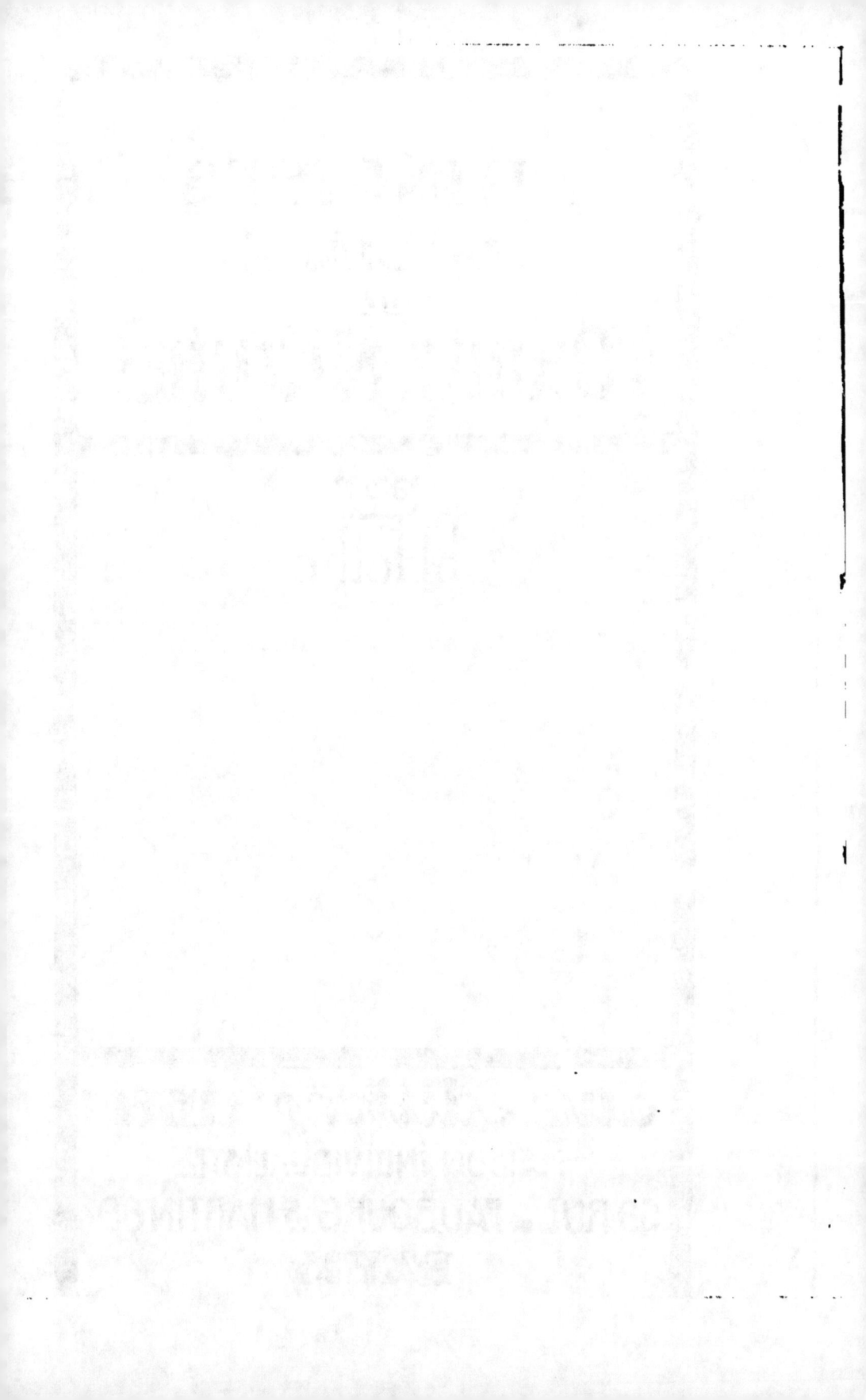

PRINCIPES SOCIAUX
DE
L'ORDRE NATUREL

par

hl Follin

aux éditions "LIBER"

MAISON INDIVIDUALISTE

69 RUE DU FAUBOURG St MARTIN 69

PARIS

Quelques Principes sociaux

DE

L'ORDRE NATUREL

I

L'ORDRE NATUREL
DEVANT LE BON SENS

Des hommes qui assument les destinées d'un journal individualiste me font l'honneur d'adopter le titre d'une de mes publications. Ils manifestent ainsi que cette formule exprime l'essentiel de toutes les conceptions économiques et sociales, impliquées par l'individualisme, et qu'elle est assez heureuse pour familiariser le grand public avec ses conceptions.

Qu'est-ce, en effet, que « *L'Ordre Naturel* » ? Tout simplement la traduction, dans un langage un peu plus philosophique, de l'état de choses auquel aspire, s'il possède quelque bon sens, le premier passant venu.

Le bon sens n'est-il pas d'ailleurs la philosophie des foules, comme une philosophie saine est le bon sens des penseurs ?

A part quelques poignées d'ambitieux et d'intrigants dont toute la joie est de dominer leurs semblables, à part quelques poignées d'idéalistes purs et de sophistes qui prétendent modeler le monde sur leur cerveau, l'humanité est, en tous lieux, composée d'individus qui ne demandent qu'à vivre, à travailler, à jouir ou à souffrir en paix, selon les chances que leur offre la destinée .

L'Ordre Naturel, ce n'est autre chose que l'ordre dans lequel cette aspiration universelle se réalisera spontanément.

L'Ordre Naturel, c'est de laisser son voisin vaquer à ses affaires et de ne pas être bousculé par lui. C'est aussi de ne pas être embrigadé de gré ou de force dans des collectivités dont la principale raison d'être est d'intervenir dans la vie des voisins quitte à ce qu'ils se mêlent à leur tour de la nôtre.

L'Ordre Naturel, c'est d'être libre de par le monde, de faire ce qu'on veut, d'aller où l'on veut, d'échanger ses services avec qui l'on veut, de penser et de dire ce que l'on veut, de sympathiser avec qui vous plaît, de faire du bien a qui cela vous chante et de ne faire de mal à personne.

L'Ordre Naturel, c'est d'être responsable de ses actes et de ses engagements, et de ne pas éternellement payer, trimer et saigner pour les sottises et les folies des irresponsables.

L'Ordre Naturel, c'est de pouvoir dire toujours la vérité sans que personne vous regarde de travers, et c'est de ne pas être empoisonné par une atmosphère de mensonges et de conventions.

L'Ordre Naturel, c'est de s'associer avec qui bon vous semble pour défendre ses intérêts légitimes, et de ne s'associer avec personne pour attaquer les légitimes intérêts d'autrui. C'est de borner sa solidarité dans l'association à l'objet précis et au temps limité pour lesquels on s'associe.

L'Ordre Naturel, en un mot, c'est l'abolition de toutes les tyrannies artificielles : tyrannie des mœurs, des traditions, des préjugés, des modes ; tyrannie des institutions, des Gouvernements, des cultes spirituels, nationaux ou sociaux ; tyrannie des partis, des clans, des castes, des groupes.

Passant, qui n'as pas le loisir de réfléchir souvent, descend un instant au fond de toi-même. N'as-tu jamais souffert d'aucune de ces tyrannies ? Alors, suis ton chemin et grand bien te fasse.

Sinon, dans la mesure de tes forces, aide-nous à travailler pour l'Ordre Naturel. Toute amélioration réelle de ton sort, du sort de tes enfants surtout, dépend uniquement de lui.

II

LA FOI NECESSAIRE

Les sceptiques, dont l'esprit superficiel dédaigne d'approfondir la philosophie de l'Ordre Naturel, sourient au candide optimisme que leur semble révéler ce mot.

La nature, disent-ils, n'offre-t-elle pas le spectacle d'une foule de désordres plus affreux les uns que les autres ?

Sans doute. Mais la nature, aussi, ne nous éblouit-elle pas de ses harmonies les plus sublimes ?

Le désordre naturel est un fait. L'ordre naturel en est un autre.

Dans les rapports entre les hommes, lequel de ces deux faits doit finalement dominer ?

Ce que l'on affirme ici , ce dont on prétend concilier la démonstration rationnelle avec les expériences de la vie pratique, avec les données du bon sens élémentaire, aussi bien qu'avec l'élan des plus hautes aspirations de l'homme, c'est que la réponse dépend de celui-ci.

Je veux aujourd'hui lui donner l'une des clefs d'or de sa prison.

Les mouvements intérieurs subis par les destinées de notre espèce obéissent à deux grands leviers : la connaissance et la foi.

Or, à lui seul, ni l'un ni l'autre ne peut déterminer le mouvement initial qui orientera l'humanité vers la prépondérance de l'ordre naturel sur le désordre naturel.

La connaissance sans la foi est la semence qui tombe sur une terre desséchée. La foi sans la connaisance est le feu du ciel qui dévore les moissons.

Les plus grands penseurs peuvent éclairer notre intelligence : ils n'auront rien fait pour nous s'ils n'allument en notre âme une étincelle d'enthousiasme.

Les plus grands prophètes peuvent embraser notre âme : ils n'auront rien fait pour nous s'ils ne portent dans notre intelligence quelque lumière de la raison.

Que dis-je ? les uns et les autres, le plus souvent, nous laisseront désabusés ou pantelants.

Ainsi, l'Ordre Naturel veut que la connaissance et la foi s'embrassent étroitement.

Mais dans les crises graves de la vie en société, aux heures où tout se brouille en l'esprit des hommes, tandis que leur âme est étreinte sous l'angoisse des menaces à leurs destinées, la foi importe plus encor que la connaissance.

Car, si celle-ci donne la direction, celle-là alimente le foyer du moteur.

* * *

Rien de plus grand dans le monde, aussi bien dans le plan du désordre que dans celui de l'ordre, ne s'est jamais fait hors de la foi.

Seule la foi soulève les montagnes, sauf à écraser sous l'avalanche, avec des victimes innocentes, les aveugles qui la déchaînent imprudemment.

Sans la foi de douze apôtres, l'apaisante doctrine de Jésus ne se fût pas répandue parmi les peuples, où elle ne pouvait d'ailleurs, n'étant pas guidée par la connaissance, éviter les écueils de l'hypocrisie, de la superstition et du sacrifice stérile.

Sans la foi des soldats ivres de gloire, les Napoléon et autres conquérants n'eussent pas dévasté la terre et semé dans tous ses sillons des germes de haine et de discorde.

Sans la foi étroite et dévorante des orgueils et des égoïsmes collectifs, les exploiteurs de patries n'eussent pu transformer celles-ci en sœurs jalouses et ennemies.

Sans la foi candide en la vertu des doctrines et en la sagesse des faiseurs de systèmes, les masses populaires, enfin, n'eussent ni tenté de secouer le joug des oppressions, ni connu la désillusion des impuissances et des tyrannies réformatrices.

*
* *

C'est pourquoi il ne suffit pas, pour découvrir les conditions de l'Ordre Naturel, d'apporter à leur recherche un cerveau lucide. Il faut aussi, pour les réaliser, un cœur maître de ses ardeurs, mais un cœur ardent. Sans la foi au salut, disent les mystiques, l'homme ne sera jamais sauvé. Sans la foi des hommes en la possibilité de meilleures destinées, dit le philosophe clairvoyant, l'humanité restera condamnée à r tourner vers ses destinées pires.

Nous croyons, ici, de toute notre foi comme avec toute notre raison, que l'Ordre Naturel peut, dans la vie des hommes en société, tenir de plus en plus en échec le désordre naturel. Nous le croyons, malgré le spectacle récent et présent de la plus formidable régression dans les voies du désordre. Mais nous croyons qu'il n'en pourra jamais être ainsi si les hommes abandonnent la direction de leur intelligence et de leur conscience aux sceptiques qui nient l'Ordre Naturel, livrant ainsi celui-ci aux malfaisants qui le troublent.

Cependant, loin de nous la pensée qu'il serait mieux de s'abandonner aux croyants comme nous.

Pas d'acte de foi. Car la foi toute seule, je le répète, égare le plus souvent ceux qu'elle entraîne. Mais un désir de foi. Non pas une conviction prématurée, mais une espérance que l'on pourra, un jour, être convaincu.

***

Les voies qui, selon nous, mènent au triomphe de l'Ordre Naturel, ce sont les voies de l'individualisme. Celles où chacun s'efforce d'être soi-même, celles où aucun ne met obstacle à ce que son prochain soit lui-même, celles enfin où tous unissent leurs volontés pour surmonter les obstacles et abolir les tyrannies qui les empêchent d'être eux-mêmes.

Mais aucun chemin ne conduit tout droit et facilement au but. Dans les voies de l'individualisme comme dans toutes les autres, il y a des passages pénibles, des tournants dangereux, des pièges subitement dressés, des chemins de traverse séduisants et trompeurs.

Si les hommes n'ont pas quelque désir de foi en la pratique individualiste, s'ils n'ont pas quelque espérance que la philosophie harmoniste, qui en est la théorie, les conduira un jour vers la contrée qu'ils ne sauraient apercevoir avant d'avoir fait la route, ils n'y parviendront jamais.

Ils s'égareront dans les traverses, ils se laisseront prendre aux pièges, ils se précipiteront dans le vide à quelque tournant, ou bien ils se décourageront au pied d'une montée trop roide.

Le but vaut cependant qu'on y accède .

Car ce but, certainement accessible, c'est l'équilibre de tous les idéals aussi bien que de tous les intérêts. Equilibre non pas parfait, car la perfection n'existe pas dans le monde connu; non pas stable, car le mouvement en est la loi universelle. Mais équilibre toujours moins instable et toujours plus vaste et plus complexe en ses éléments.

**

Libre à vous, lecteurs, au surplus, de chercher aussi d'autres buts, de mettre aussi en quelque autre philosophie votre espérance, de porter aussi sur quelque autre doctrine d'action votre désir de foi.

C'est ce qu'on vous demande ici, c'est de croire que vous trouverez, et, pour trouver, de chercher et de comparer. Après quoi vous déciderez dans votre conscience d'hommes aimant l'humanité, comme avec votre jugement d'hommes aimant la vérité.

III

LA FORTUNE INDIVIDUELLE DANS L'ORDRE NATUREL

Les illuminés qui entretiennent les divisions humaines, et les malins qui les exploitent, trouvaient jadis l'un de leurs plus fermes appuis dans la différence des croyances. Ce fut aussi et c'est encore, la différence des origines et des habitats. Mais un des terrains les plus fertiles pour la semence de haine ou pour la semence de mépris, c'est toujours celui des différences de fortune.

Dresser les individus les uns contre les autres au nom des dieux est à peu près sorti des mœurs, bien que ce vieux ferment de discorde ne soit pas étranger aux évènements d'Irlande. On les éventre encore beaucoup au nom des patries. Après le brillant début du glorieux XX° siècle, il est sage de laisser un peu dormir cette pratique. Il reste la meilleure ressource : exciter ouvertement les pauvres contre les riches au nom de la « justice sociale », ou sournoisement les riches contre les pauvres au nom de l' « ordre »

ou de la « supériorité » non moins « sociaux ».

Dans cette dernière querelle, quelle position
doit prendre l'individualiste, interprète de l'ordre naturel ?

Pour ma part, la position que j'adopte déli-
bérément est une position de réprobation à
l'égard des manifestations brutales de la querelle, une position d'indifférence à l'égard de
son objet.

La distribution de la richesse ne me paraît
pouvoir être envisagée des points de vue ni de
la justice sociale, ni de l'ordre social, ni de la
supériorité sociale, pour la bonne raison qu'il
n'existe à mes yeux rien de tel que la supériorité sociale, ou l'ordre social, ou la justice sociale.

Mieux encore, si j'admets la notion d'ordre
et celle de supériorité comme exprimant des
réalités concrètes relatives, je nie que la justice
et la société elles-mêmes soient autre chose que
des conceptions abstraites sans réalité, utiles tout
au plus pour la commodité du langage.

LES SEULES RÉALITÉS sont des *réalités naturelles* et des *réalités individuelles*, et LES

SEULS PHÉNOMÈNES SOCIAUX sont des *rapports d'équilibre entre ces réalités.*

Ceci posé, est-il dans l'ordre des réalités naturelles, est-il dans l'ordre des réalités individuelles, qu'il y ait des riches et des pauvres ?

Pour résoudre le problème, il importe d'en définir les termes. Qu'est-ce que l'individu ? Une combinaison de facultés, d'aptitudes, de besoins et d'aspirations.

Qu'est-ce que la richesse ? Une accumulation de moyens tirés de la nature par les individus, grâce à ces aptitudes et à ces facultés pour satisfaire ces aspirations et ces besoins.

Or, c'est une vérité axiomatique que la nature ne distribue également ni les aspirations, ni les besoins, ni les aptitudes, ni les facultés, ni les occasions pour les individus de mettre en valeur les unes et de satisfaire les autres.

Dès lors, à quel titre cette égalité se rencontrerait-elle uniquement dans la distribution de la richesse ?

Et si, comme il est non moins évident, la plupart des satisfactions que peut procurer la richesse ne sont ni divisibles par le nombre des individus qui peuplent la surface du globe, ni matériellement accessibles à tous, va-t-on en priver les uns par un puéril désir d'égaliser leur destinée avec celle des autres ?

Va-t-on interdire l'usage des automobiles, qui sont tantôt un luxe insolent et tantôt une facilité de mise en valeur du temps dont dispose l'homme, pour ne pas offusquer les ouvriers européens qui vont à pied ?

Va-t-on fermer les cinémas, qui sont, pour ces ouvriers, parfois une distraction abétissante et parfois un délassement instructif, par égard pour les millions de nègres et de Chinois privés de divertissements dans des salles bien chauffées ?

Le problème de la fortune individuelle n'existe donc pas par lui-même. Les chances diverses offertes à chaque individu par le milieu et le temps où il vit, et qui, dans la plus large mesure, déterminent sa part de richesse comparée à celle des autres individus, sont aussi naturelles et inévitables que les chances qui déterminent sa part de santé, de beauté, de bonté, d'intelligence, de force et de sagesse.

La sagesse intuitive du langage de nos pères

donnait, dans tous ses sens, la même valeur au
mot fortune. Et la sagesse de leurs mœurs con-
sistait à n'attacher à la fortune que le prix tout
relatif qu'elle mérite. Seuls, les individus bornés, vaniteux, avides, jouisseurs ou envieux su-
bordonnent leurs conceptions sociales à l'idée
de la richesse, *les uns parce qu'ils la possèdent,
les autres parce qu'ils voudraient la posséder.*
Le sage, c'est-à-dire le véritable individualiste,
ne la dédaigne ni ne court éperdûment après
elle ; il lui fait un beau salut quand elle vient,
un autre si elle le quitte, et se console de sa
perte dans la jouissance intime d'être lui-même,
que personne lui enlèvera jamais.

*
**

Par contre, le problème de la fortune individuelle existe dans ses rapports avec les déve-
loppements économiques et moraux qui, pour
l'humanité, dépendent de la richesse et *de l'u-
sage qui en est fait.*

S'il est inévitable et s'il est indifférent qu'il
y ait des riches et des pauvres, il n'est pas indifférent que n'importe qui soit pauvre et que

n'importe qui soit riche. La juste ou plutôt l'u-
tile répartition de la richesse n'est pas une question de nombres, c'est une question de valeurs
individuelles.

Il est bon, il est dans l'ordre naturel, que
la richesse soit entre les mains de qui peut
en faire surgir soit plus de richesse encore, soit
plus de beauté, de sagesse, d'amour et d'har
monie. Il est mauvais, et c'est un désordre,
qu'elle tombe entre les mains de qui la gaspille
ou de qui la manie comme un instrument de
jouissances basses ou vaines.

Encore, les maux pouvant résulter d'une répartition fâcheuse de la richesse sont-ils, grâce
à sa conservation et à sa circulation, beaucoup
moindres qu'ils ne paraissent à première vue. Il
n'est avare dont la rapacité ne fasse fonction de
prévoyance et ne mette à l'abri quelque richesse
qui eût été mal employée. Il n'est prodigue dont
les folies ne permettent à quelqu'un de ceux
qui alimentent ses fantaisies ou ses vices, de
mettre en valeur des facultés utiles autrement
inemployées.

Les effets du mauvais usage matériel de la
richesse sont limités : ils n'ont guère qu'une

nocivité de mauvais exemple, assez rapidement endiguée par les réactions qu'ils provoquent.

Mais le grand danger de la fortune individuelle est moins un danger économique ou un danger moral qu'un danger *politique*.

Le grand danger, pour l'ordre naturel, c'est que la richesse s'accumule en trop grande quantité entre les mêmes mains, parce que l'homme trop riche, neuf fois sur dix, transformera sa richesse en un moyen de *puissance* ; parce qu'il l'emploiera, plus ou moins consciemment, de telle sorte que de plus dignes que lui ne puissent s'enrichir ou élever leur influence à la hauteur de la sienne.

C'est pourquoi l'individualisme doit, selon moi, prendre nettement position contre les fortunes démesurées.

Est-ce à dire qu'il faille chercher à détruire ces fortunes, ou leur nocivité, par des lois et des institutions publiques ?

Ceci est une autre affaire. Commençons par abolir l'ordre politique artificiel, par instituer la libre concurrence économique de l'échange et la libre concurrence morale de la sincérité. Projetons partout sur les individus qui aiment l'ombre, la pleine lumière. Si cela ne suffit pas, on verra ensuite. Mais ce programme est déjà assez vaste pour que, d'ici à sa réalisation, les cheveux des plus jeunes d'entre nous aient blanchi .

IV

LA PATRIE ET LA NATION DANS L'ORDRE NATUREL

Rien ne sera fait pour l'avenir de l'humanité, rien ne saura la rapprocher de l'Ordre Naturel, tant que les notions de patrie et de nation n'auront pas été situées à leur véritable place, et tant que le monde civilisé n'aura pas été organisé en conséquence.

Nier la patrie, réclamer la destruction pure et simple des nations est une attitude facile et simpliste. C'est à mon avis, l'attitude d'un individualisme mal averti, aveugle à l'observation des réalités humaines universelles, incompréhensif de l'évolution de ces réalités — quand ce n'est pas l'attitude d'un culte nouveau qui, tel le socialisme, cherche à se substituer aux cultes périmés.

Mais c'est aussi l'inévitable attitude de réaction contre l'idolâtrie politique qui s'est emparée des notions de nation et de patrie, et qui surtout a entretenu la terrible confusion entre ces deux notions, grâce à quoi les peuples ont pu être massacrés et saignés à blanc de leurs richesses, au profit des plus effrontés et des plus cruels parasitismes.

La patrie et la nation sont deux choses essentiellement différentes ; plus encore, deux choses qui deviennent le plus facilement du monde et sont effectievement devenues antagoniques. L'esprit national, ceci éclate aujourd'hui à tous les yeux, est l'artisan le plus redoutable de la ruine de toutes les patries.

La patrie est une idée, ou, beaucoup mieux, un sentiment. La nation est un fait.

Le sentiment de patrie, avec l'infinie diversité et la transformation incessante des idées qui y correspondent, est éternel et constant. Le fait de nation, sous peine de paralyser définitivement l'évolution de la société humaine et de la précipiter vers la dissolution, doit lui-même évoluer, et finalemnt, sinon disparaître, du moins se réduire à une importance infime.

Si absorbé soit-il dans le sentiment légitime ou dans la morbide adoration de sa personnalité, tout individu fait partie à la fois de l'humanité et d'un milieu particulier qui lui est plus ou moins nécessaire, auquel il est plus ou moins

attaché, mais qui reste, après la famille morale et intellectuelle qu'il peut, selon ses pré-
férences, recruter dans toute l'humanité, le pro-
longement le plus immédiat de lui-même. C'est,
en général, la communauté d'origine, de langue, de mœurs, de tradition et de goûts qui
détermine ce milieu. Voilà la patrie. Elle se
concrétise dans l'existence de *peuples* différents
et non de *nations* différentes. Elle doit, sous
peine de perdre toute signification, rester libre et
volontaire. Elle ne saurait comporter la plus
faible parcelle de contrainte. Elle est d'autant
plus forte, d'autant plus durable, d'autant plus
belle, elle contribue d'autant plus richement
à la gamme sublime des variétés de notre espèce, qu'elle est faite de sentiments spontanés
et conscients. J'aime la France, je veux la
France, parce que le nom de France évoque
à mon esprit à la fois toutes sortes de réalités
auxquelles se lie une certaine harmonie de mon
existence individuelle, et toutes sortes de réalités auxquelles me semble se lier une certaine
harmonie de l'existence universelle. Ainsi la pa
trie en général, ma patrie en particulier, m'ap-
paraissent comme des éléments indispensables
de l'Ordre Naturel.

. La nation est tout autre chose. La nation est la déformation géographico-politique, souvent la caricature de la patrie. Ceux qui confondent l'une avec l'autre sont les victimes de l'éducation politico-historique, lorsqu'ils n'en sont pas les parasites intéressés et par extension les bourreaux.

, De tous temps les hommes ont méconnu leur intérêt universel, permanent et supérieur, qui est un intérêt de coopération, et ils l'ont sacrifié à des intérêts particuliers, temporaires et inférieurs, sous forme de luttes à main armée ou de compétitions pour la puissance matérielle. Telle est l'unique origine de la nation ; telle fut et telle est encore à quelque degré son unique raison d'être.

La nation s'est constituée soit pour l'attaque, sous l'influence des industriels de la violence et de l'intrigue, sous l'influence des exploiteurs de différences humaines : soit pour la défense, sous la direction des hommes qui voulaient soustraire leur milieu à ces influences néfastes. Mais les actions et les réactions réciproques de cette double cause ne permettent plus aujourd'hui de découvrir, dans aucun cas particulier, ce que le fait de nation contient de

juste ou d'illégitime. Une seule certitude sub-
siste : abstraction faite de certains intérêts
d'administration et de préservation communes,
qui peuvent se satisfaire et se satisfont effec-
tivement, dans une foule de cas, sous une
autre forme que la forme nationale, la nation
est un fait d'oppositon, un fait de désharmonie,
un fait de désordre, dans lequel les facteurs
naturels et les facteurs artificiels se confondent de manière indiscernable.

Ainsi les nations, dont seul un intérêt de
sécurité pouvait naguère justifier l'indépendan-
ce, sont devenues au contraire les sources les
plus dangereuses de l'insécurité, dangereuses
au point de menacer l'existence même de la
civilisation.

Ainsi le problème premier et primordial
du temps présent est-il d'une simplicité lumi-
neuse. Au fait national, il s'agit de substituer, ou plutôt de superposer en l'y subordon-
nant, un fait supérieur. Il faut soustraire la
sécurité des individus, la sécurité des peuples, la sécurité des patries, aux organisations
nationales, pour la confier à une organisation
qui dépasse les nations, rejetant celles-ci dans
des fonctions purement administratives et poli-

cières, et laissant à l'évolution le soin de décider de leur sort futur.

La constatation du problème n'est pas nouvelle. Mais on en a cherché jusqu'ici la solution dans la voie la plus absurdement contraire à ses données.

On a réuni les malfaiteurs conscients ou les imbéciles inconscients qui menacent continuellement la tranquillité de la vie publique, et on leur a dit : « Construisez-nous un organisme de protection contre les dangers dont vous êtes les propres fauteurs ! »

On a fait de « l'international », c'est-à-dire qu'au lieu de donner pour fondement à l'entente des hommes la prépondérance de l'individuel et de l'humain sur le national qui est l'obstacle principal à cette entente, on a trempé le ciment de l'édifice à élever dans le dissolvant le plus efficace, l'esprit national lui-même !

Ainsi la Société des Nations reste-t-elle, comme nous avions été une demi-douzaine à le prédire, la farce la plus sinistre et la plus décevante.

Le fait qui dominera le fait national, le

fait *supranational*, le fait qui rétablira l'ordre naturel dans les relations politiques entre les hommes, ne sera pas l'œuvre des nations et de leurs Gouvernements. Il sera l'œuvre des peuples, par l'entremise d'individus qui ne cesseront pas d'aimer passionnément leur patrie, mais qui feront abstraction complète de leur nationalité.

V

HIERARCHIE, HIERARCHISME ET SUPERIORITE

L'*Univers*, comme le pressent le génie des mots de la langue française, est tout *unité* et *diversité*. Tous ses problèmes consistent à déterminer les lois de coexistence et de succession de ses aspects infiniment multiples.

L'ordre naturel, aussi bien dans le domaine humain et social que dans tous les autres domaines de l'univers, nous apparaîtra donc comme une coordination de différences.

Ainsi, notre individualisme, dont nous entendons faire la doctrine interprétative des modes de la conduite privée et publique les plus conformes à l'ordre naturel, sera-t-il essentiellement antiégalitaire.

Mais qui dit « coordination », dit fatalement aussi « subordination ». La richesse de développement de l'espèce humaine et de la vie sociale n'exige pas seulement que leurs éléments soient aussi variés, et, partant, aussi inégaux que possible. Elle exige encore que chaque élément soit à la place qui correspond à son importance. Elle exige aussi et surtout qu'aucun élément, une fois sa place découverte, ne tende à empiéter sur la place des autres.

Quel rôle vont donc jouer, dans l'individualisme, les notions subordinatrices, c'est-à-dire la notion de supériorité et la notion corrélative de hiérarchie?

C'est le sujet que je veux résumer ici en l'effleurant, comme je l'ai fait dans mes deux précédents articles, pour la notion de fortune et pour la notion de patrie considérées dans leurs rapports avec l'ordre naturel.

Or, ici encore, nous allons découvrir que la claire perception des conditions de l'ordre naturel est obscurcie par une idée (ou un sentiment de même origine) purement parasitaire. Et comme je l'ai indiqué ailleurs, la civilisation humaine restera dangereusement menacée, tant que les hommes qui prétendent à la diriger n'auront pas désincrusté leur cerveau et leur âme des sédiments déposés par trois *modes de penser* : le *mode égalitaire*, le *mode national* et le *mode hiérarchiste*.

Car le *hiérarchisme* est le pire ennemi d'une saine et nécessaire *hiérarchie*, comme l'esprit national est celui d'un fécond épanouissement des patries, et comme l'amour ou l'envie de la richesse sont des ennemis de son utile distribution.

**

Le hiérarchisme est la caricature de toute hiérarchie. Il tend tout simplement soit au simulacre, soit à la stabilisation et, par conséquent, à la paralysie de toute supériorité.

Le hiérarchisme social consiste à concevoir l'importance des individus ou des groupes, l'importance de leur rôle ou des objets de leur activité, en fonction d'un certain rang et de certaines apparences.

La hiérarchie, au contraire, consiste à faire sortir de tous les rangs et à dépouiller de toutes les apparences, tous les sujets et tous les objets qui, dans un temps et dans un lieu donnés, et limités, en raison de conditions ou en vue de buts particuliers et précis, exigent par leur importance la subordination temporaire et partielle à eux-mêmes d'autres objets et d'autres sujets.

A l'étonnement de certains esprits ou de certains tempéraments dont l'individualisme repose parfois sur une hypertrophie du sentiment de la personnalité, ou de certains chefs qui confondent la nécessité de leur autorité de chefs avec celle d'une autorité personnelle, l'individualisme conscient de l'ordre naturel proclame qu'il y a une *hiérarchie des tâches*, et non une hiérarchie des individus.

Il constate que les véritables supérieurs sont ceux qui se tiennent à la place à eux assignée par la nature ou par des circonstances incoercibles et qui remplissent bien leur tâche, mais à l'instant même et à l'instant seul où ils la remplissent ainsi.

Il rejette les vieilles formules égalitaires : « Un paysan est l'égal d'un roi ». « Tout homme en vaut un autre ». Mais il affirme que tout individu, en quelque situation que l'aient placé la fortune ou ses aptitudes, à quelque objet qu'il applique ses facultés, des plus rudimentaires et des plus simples aux plus raffinées, peut être à tout moment non seulement l'égal mais le supérieur de tout autre. Cela dépend uniquement de lui-même.

Un balayeur ne peut espérer la rémunération ni avoir droit à l'autorité de l'administrateur qui fixe le rayon où lui et les autres balayeurs balaieront : car l'autorité et la rémunération doivent être fonction du rapport entre l'importance de la fonction exercée et du service rendu, d'une part, et d'autre part le nombre plus ou moins grand des individus qui peuvent rendre l'un et exercer l'autre. Mais le balayeur qui balaie bien aujourd'hui a le droit de se considérer le supérieur de l'administrateur qui administre mal, comme il devra, s'il balaie mal demain, s'avouer l'inférieur de l'administrateur qui administre bien.

*_**

Ainsi l'individualisme, rejetant toute espèce de classification extérieure à l'individu, réintègre au cœur de celui-ci la notion de supériorité, et la faisant agir comme un stimulant perpétuellement renouvelé de sa dignité et de son activité, exalte toutes les valeurs individuelles dont est faite la floraison collective des valeurs humaines.

Mais une objection s'élève. Tous les individus sont-ils sensibles à un tel stimulant, et, s'ils n'y sont pas sensibles, le hiérarchisme, en instituant ces signes extérieurs et conventionnels de la supériorité qui font l'objet de leurs convoitises, ne poursuit-il pas et n'atteint-il pas les mêmes fins que notre individualisme?

Que de tels individus existent, et sans doute en grande majorité, c'est certain. Que le hiérarchisme s'efforce de tirer d'eux des possibilités engourdies, c'est possible. Qu'il atteigne en général ce but, c'est beaucoup plus discutable, et il ne l'atteint en tous cas qu'en introduisant dans la vie sociale des éléments de mensonge, des ferments de duplicité et de lutte, qui empoisonnent le sang de l'espèce davantage que ses stimulants artificiels ne l'enrichissent.

Mais la grande leçon de l'individualisme, c'est qu'il ne cherche nullement à arracher au troupeau ceux qui ont une mentalité de troupeau. Il ne veut qu'affranchir de la pression et des mœurs imitatives du troupeau les hommes qui ont une mentalité d'hommes.

Libre aux premiers de courir après les hochets de la vanité. Mais en criant à tous les vents que ces hochets sont méprisables et nuisibles, nous encourageons les seconds à les fuir et à les mépriser pour chercher des récompenses plus nobles.

Parmi les individus que je coudoie quotidiennement, il en est que j'aime, que j'estime et que j'admire, que je me donne à moi-même omme exemples et comme modèles pour leur constance à tirer de leur individualité tout ce qu'elle peut donner, et que cependant les nécessités de la hiérarchie ou des circonstances ont placés sous mes ordres. Que le regard et la poignée de main fraternels, qui mettent entre nous la seule égalité véritable, l'égalité d'homme responsable à homme responsable, leur soient plus précieux que des richesses, des éloges ou des croix, telle est une des plus pures joies de mon individualisme.

* *
*

Est-il besoin de dire que notre individualisme ne répudie pas moins énergiquement le hiérarchisme de peuples, de classes, de groupes, de castes, de fonctions sociales, de goûts et de tempéraments que le hiérarchisme individuel ?

Le Français qui se croit, parce que Français, supérieur à l'Allemand, ou l'Allemand au Français, ou l'Anglais à l'Américain, ou l'Américain à l'Anglais, nous semblent également bornés. Le banquier qui méprise le prolétaire, parce que prolétaire, ou le prolétaire qui hait le banquier, parce que banquier, sont bons à mettre ensemble dans le parc aux huîtres de l'esprit grégaire et hiérarchisant.

4

Mais peuvent-ils se réclamer de l'individualisme, les économistes qui regardent dédai-
gneusement les artistes du haut de leur science
ou les artistes qui les contemplent ironiquement
du haut de leur art? Et les bourgeois qui stig-
matisent les bohêmes, et les bohêmes qui cons-
puent les bourgeois ; et les gens posés qui sourient des esthètes, et les esthètes qui se mo-
quent des philistins?

Tout individu a le droit d'être lui-même,
même si d'être soi-même consiste pour lui à
imiter les autres. Les moutons et les fourmis
ne déparent pas davantage la nature que l'aigle
ou le lion.

Et que chaque individu remplisse le devoir
d'être soi-même. Ainsi chacun trouvera dans sa
vie cent occasions d'être supérieur à tous.

VI

ASSOCIATION ET COALITION

Au XVIIe siècle, le grand mouvement d'idées philosophiques, avec Voltaire et les encyclopédistes, avec Rousseau dans une certaine mesure, *surtout* avec les physiocrates, qui furent les premiers à percevoir *l'ordre naturel*, et avec le plus grand homme d'Etat qu'ait connu la France : Turgot — libérait l'individu de toutes les servitudes passées. Ce fut la Révolution de 1789.

Mais l'humanité n'était pas mûre pour la liberté. Ou du moins ses illustres protagonistes avaient trop laissé dans l'ombre les corollaires sans lesquels elle ne peut être organisée : la responsabilité et la sincérité. La Révolution française sombra dans l'esprit égalitaire et faussement fraternitaire. Elle fut vite la proie de nouvelles tyrannies politiques et sociales.

La grande découverte dite sociologique du XIXe siècle, celle des nombreuses églises ou chapelles où l'on communie sous toutes les espèces variées du socialisme et du solidarisme, celle qui prépara toutes les tyrannies modernes et qui en prépare encore de plus terribles, ce fut que l'individu n'est pas seul sur la terre et que les hommes ont besoin les uns des autres.

M. de la Palisse s'en fût douté. Et les individus n'avaient pas attendu, pour établir entre eux les rapports les plus réciproquement profitables, lorsque la puissance publique ne s'y opposait pas, la permission ni l'invitation de Fourier, de Saint-Simon, de Proudhon, de Leplay, de Karl Marx (1), de M. Léon Bourgeois du Musée social et des myrmidons politiciens.

Mais il n'apparaît pas — et ce sera l'œuvre vraiment sociologique du XXe siècle, si la fange où les nations l'ont traîné à son début n'en fait pas le siècle du retour à la barbarie — il n'apparaît pas qu'on ait encore compris, malgré les lueurs jetées en ce domaine par Herbert Spen-

---

(1) Ceci dit sans contester la valeur plus ou moins géniale de ces grands esprits, dont les ereurs et surtout les fausses interprétations par leurs disciples n'effacent pas la puissance et la sincérité.

cer et par certains économistes, le véritable problème socio-individuel.

.*.

Le problème est celui-ci.

Les hommes, pour développer les possibilités de bonheur et d'extension de la vie qui sont l'unique objet de leur activité, doivent s'unir. Mais il y a deux façons de s'unir. On s'unit pour *faire mieux*, ou l'on s'unit pour *être plus forts*. L'individualisme social consiste tout simplement en ce que les individus doivent pratiquer, de la manière la plus large, la plus complète, la plus variée, la plus souple, la première forme de l'union et en ce qu'ils ne doivent pas pratiquer la seconde.

En d'autres termes, il y a dans l'homme un animal économique qui, par l'*association*, cherche à développer, au profit du milieu comme de lui-même, toutes ses virtualités ; et un animal politique qui, par la *coalition*, cherche à vivre en parasite du milieu. Il faut tuer l'animal politique, il faut détruire ses repaires, au profit de l'animal économique.

Ce n'est pas chose facile. Il est si tentant de se confier à la coalition, qui se charge de tous vos intérêts, et de se laisser porter par elle. Plus tentant, certes, pour la plupart des hommes, que d'exercer leur ingéniosité et leurs efforts individuels, ou leur discernement dans la recherche des associations à la fois légitimes et profitables.

La tendance néfaste à la coalition serait donc fatalement destinée à l'emporter sur la bienfaisante tendance à l'association, si les hommes n'avaient un moyen de la mettre en échec. Et ce moyen, par une merveille de l'ordre naturel, comparable aux merveilleuses découvertes physiologiques de Jenner et de Pasteur, c'est justement le mobile même de l'esprit de coalition qui le fournit.

***

Pour empêcher les individus, isolés ou coalisés, d'abuser de leur force, il faut tout simplement être plus fort qu'eux, et employer cette force *uniquement* à maîtriser ces abus. Et voilà, en quatre lignes, résolu le problème de l'Etat qui a fait couler de tels torrents d'encre.

Or, qu'a fait l'Etat en général, et l'Etat français en particulier, pour protéger l'individu isolé et l'esprit d'association ? Rien. Qu'a-t-il fait pour encourager et favoriser l'esprit de coalition ? Tout.

Toute notre législation sur les associations d'intérêts financiers, d'intérêts professionnels, voire d'intérêts moraux et intellectuels, est fondée sur la prépondérance accordée aux forces anonymes de l'argent, du nombre ou de l'influence. Tout en elle est invitation à se coaliser anonymement et à éviter ainsi les responsabilités individuelles : invitation à la coalition des capitalistes pour drainer l'épargne et en faire un usage sans contrôle — des patrons pour se garantir contre la concurrence et organiser des monopoles — des ouvriers, pour imposer aux consommateurs leur désir d'un maximum de gain avec un minimum d'efforts — des gens arrivés, en art, en science et en littérature, pour barrer la route aux talents et surtout au génie naissants.

Et toutes ces coalitions, à leur tour, cherchent à utiliser leurs forces pour s'emparer de l'Etat et consolider ainsi leurs positions.

Ces coalitions, d'ailleurs, sont le plus souvent la dissimulation d'une certaine forme, détestable celle-là, de l'individualisme. Elles ser-

vent d'instrument et de marchepied pour des
individus dont le mérite et les services seraient
insuffisants à leur procurer dans le monde la
place qu'ils convoitent. Dans une conférence
faite au Havre, il y a quelque vingt ans, sur
les « Bienfaits et méfaits de l'Association » (je
discernais mal alors la distinction entre l'association et la coalition), je définissais ainsi l'association : « La force du nombre mise au service d'un individu ». Je conserve la formule.
Mais je la complète en disant que dans l'association digne de ce nom, c'est une force cons-
ciente nominative qui collabore avec l'individualité dirigeante et partage avec elle toutes les
responsabiités ; tandis que dans la coalition,
c'est une force honteuse, anonyme et irrespon-
sable, qui couvre l'intrigue, l'avidité ou l'am-
bition.

*_**

Quelles chances y a-t-il de faire triompher
dans le monde le principe d'association sur le
principe de coalition?

Ces chances seraient bien faibles s'il ne fal-
lait compter que sur la raison et la loyauté des
hommes. Mais, heureusement, l'ordre naturel
pourvoit tant bien que mal à redresser leurs er

reurs et leurs fautes par les conséquences fâ-
cheuses qui s'y attachent et qui, ouvrant leurs
yeux, les invitent à réparer ces conséquences
ou tout au moins à les tempérer.

Tandis que l'association véritable est fécon-
de en résultats sains, la coalition est stérile et
destructrice. La politique proprement dite tend
à faire de l'Etat, a dit Bastiat, « la grande fiction à travers laquelle chacun s'efforce de vivre
aux dépens de tout le monde ». De même, l'esprit de coalition fait, du principe faussé d'association, la grande fiction par quoi les groupes
s'efforcent de vivre aux dépens les uns des
autres et du public. Or, si les chiens de M. de
Crac se dévoraient entre eux pour ne laisser
que les queues, l'ordre naturel ne permet pas,
dans le domaine sociologique, ce phénomène
d'évanescence. Les luttes de groupes, comme
les luttes nationales, peuvent faire bien des ra-
vages. Mais il reste généralement quelqu'un,
ne serait-ce que les parasites qui mènent les nations ou les groupes et qui en vivent, pour
s'apercevoir que ces luttes ne mènent à rien et
pour provoquer des réactions.

Je pose ici en principe, comme l'une des pre-
mières nécessités de notre temps, celle d'une

réaction de l'esprit d'association contre l'esprit de coalition, et celle d'une organisation politique interdisant les manifestations de ce dernier.

L'Etat ne doit reconnaître que les groupements qui associent des activités et des responsabilités individuelles. Il doit dissoudre tous ceux qui ne font qu'unir des passivités et des intérêts collectifs anonymes et irresponsables.

TABLE DES MATIÈRES

I. — *L'ordre Naturel devant le bon sens*   5

II. — *La foi nécessaire*   9

III. — *La fortune individuelle dans l'Ordre Naturel*   16

IV. — *La Patrie et la Nation dans l'Ordre Naturel*   24

V. — *Hiérarchie, Hiérarchisme et supériorité*   31

VI. — *Association et Coalition*   39

IMPRIMERIE CENTRALE
DE LA BOURSE
117, RUE RÉAUMUR, 117
PARIS